Frank Mangelsdorf (Hg.)

EINST UND JETZT
INSEL USEDOM

Texte: Hanne Bahra

EDITION
Mecklenburg-Vorpommern

ISBN 978-3-941092-88-4

Die Deutsche Nationalbibliothek verzeichnet diese Publikation
in der Deutschen Nationalbibliografie; detaillierte bibliografische
Daten sind im Internet über http://dnb.d-nb.de abrufbar.

CULTURCON medien
Bernd Oeljeschläger

Choriner Straße 1, 10119 Berlin
Telefon 030/34398440, Telefax 030/34398442

Ottostraße 5, 27793 Wildeshausen
Telefon 04431/9559878, Telefax 04431/9559879

www.culturcon.de

Redaktion: MOZ-Redaktion GmbH
Projekt-Betreuung: Gitta Dietrich
Gestaltung: Katja Gusovius und Kathrin Strahl, Berlin
Druck: Silber Druck oHG, Niestetal
Berlin/Wildeshausen 2012
Alle Rechte vorbehalten.

VORWORT

Usedom – der nordöstlichste Zipfel Deutschlands. Die mondänen Kaiserbäder Ahlbeck, Heringsdorf und Bansin erstrahlen wieder in altem Glanz. Sie waren einst die „Badewanne der Berliner" und sind auch heute wieder eines der beliebtesten Ziel auf „der Insel", wie Usedom einfach genannt wird. Die Seebrücke von Ahlbeck ist ihr Wahrzeichen, deutschlandweit bekannt. Buntes Treiben auf den Promenaden vor gründerzeitlichen Fassaden, Spiel und Spaß am feinen Sandstrand, der so flach ins Meer abfällt, dass er ideal auch für Familien mit Kindern ist.

„Man hat Ruhe und frische Luft und diese beiden Dinge erfüllen Nerven, Herz und Lungen mit einer stillen Wonne", schrieb schon Theodor Fontane 1863 in einem Brief an seine Frau. Auch Kaiser Wilhelm II., die Brüder Mann, Gorki und Tolstoi genossen hier ihre Sommerfreizeit. Die Kaiserbäder sind jedoch nur ein Höhepunkt von Deutschlands zweitgrößter Insel. Sie bietet viel mehr als herrschaftliche Bäderarchitektur und Lustwandeln in baltischer Sommerfrische.

Usedom: Das sind über 200 Kilometer Küstenlinie, die meisten Stellen davon verträumt und still, vor allem am Achterwasser und Peenestrom. Wer Ruhe und Natur sucht, findet sie dort. 13 Binnenseen und Landschaftsschutzgebiete laden zum Schauen und Verweilen ein, Peenemünde im Norden der Insel zur Auseinandersetzung mit Technik und wie sie zum Nutzen und zum Leid der Menschen eingesetzt werden kann. Die Wiege der Weltraumfahrt ist ein zwiespältiger Ort, der nachdenklich macht. Auch das ist Usedom. Genau wie Swinemünde/ Świnoujście am anderen Ende der Insel: heute eine muntere, quirlige polnische Hafenstadt mit weltoffenen Einwohnern. Hier wächst Europa zusammen.

Vor allem aber ist Usedom eine Oase der Entspannung und Gesundheit. Zehn von 49 anerkannten Erholungsorten und Seebädern in Mecklenburg-Vorpommern liegen auf der Insel. Die Landschaft, das Meer, der Wind und die Weite des Himmels ziehen Jahr für Jahr mehr Menschen auf das Eiland vor dem Stettiner Haff.

Usedom muss man gesehen haben, auf Usedom muss man sich erholt haben. Wer Deutschland kennt, muss an diesem nordöstlichsten Zipfel gewesen sein. Usedom hält mehr bereit als in einen einzigen Urlaub passt. Überzeugen Sie sich selbst davon.

Frank Mangelsdorf
Chefredakteur Märkische Oderzeitung

Bildnachweis: Gitta Dietrich S. 25, 37, 43, 51, 53, 57, 59, 61 / Hanne Bahra S. 7, 31, 33, 45, 72 / Landessportbund Berlin S. 13 / Schenk S. 17 / Hans-Werner-Richter-Haus S. 18, 19 / Volksbund Deutsche Kriegsgräberfürsorge e. V. S. 26, 27 / Archiv Ludger Kenning S. 28 / Archiv Volker Knuth (Rhino-Verlag Ilmenau) S. 16, 30, 44, 76 / Archiv Volker Knuth S. 14, 32 / www.Bartelmann.com S. 34 / Korbwerk Heringsdorf S. 35 / Heinrich Karstaedt S. 41 / Repro Ulrich Bauer S. 42, 46 / Friedrich Voßberg S. 47 / Repro Joachim Bengs S. 50 / Atelier Otto Niemeyer-Holstein S. 50 / Archiv Franz Jeschek S. 54, 56 / Dr. Gurwell S. 55 / Joachim Saathoff S. 65 / Archiv Priewe S. 64 / Archiv HTM Peenemünde S. 66, 67 / Dirk Weichbrodt S. 68, 69 / Gerd Unverferth S. 82, 83 / Foto Fey S. 84 / Historische Gesellschaft zu Seebad Zinnowitz auf Usedom e. V. S. 86, 87, 88, 90, 91 / Volker Schütz S. 92 / Edgar Hagedorn S. 94

Wir danken all jenen, die zur Entstehung dieses Buches beigetragen haben: Usedomer Tourismusgesellschaft (UTG), Usedomer Bäderbahn (UBB), Wasserschloss Mellenthin, Korbwerk Heringsdorf GmbH, Kurverwaltung Ostseebad Zinnowitz, Kurverwaltung Ostseebad Trassenheide, Ostseestrand-Klinik „Klaus Störtebeker", Förderverein Schloss Stolpe sowie Stadt Wolgast.

INHALT

6_ **Um 1900** Ahlbeck – Seebrücke
8_ **Um 1900** Ahlbeck – Ahlbecker Hof
10_ **Um 1900** Ahlbeck – Das Ahlbeck
12_ **1913** Ahlbeck – Jugendferienpark
14_ **Um 1904** Ahlbeck – Uwes Fischerhütte
16_ **1930** Bansin – Bergstraße
18_ **Um 1975** Hans-Werner-Richter-Haus
20_ **Um 1934** Bansin – Hotel Atlantic
22_ **Um 1934** Bansin – Hotel Zur Post
24_ **Um 1930** Bansin – Hotel Germania
26_ **Um 1980** Golm – Gedenkstätte
28_ **1935** Heringsdorf – Usedomer Bäderbahn
30_ **Um 1930** Heringsdorf – Bahnhof
32_ **Um 1936** Heringsdorf – Forum Usedom
34_ **1913** Heringsdorf – Korbwerk GmbH
36_ **1930** Heringsdorf – Seebrücke
38_ **1950** Heringsdorf – Strandhotel Ostseeblick
40_ **1893** Heringsdorf – Villa Florence
42_ **1925** Heringsdorf – Villa Oasis
44_ **1936** Heringsdorf – Villa Staudt
46_ **1934** Karnin – Hubbrücke
48_ **1968** Karlshagen – Hafen

50_ **Um 1925** Kölpinsee – Klinik Klaus Störtebeker
52_ **1985** Koserow – Atelier Niemeyer-Holstein
54_ **Um 1970** Koserow – Streckelsberg
56_ **Um 1970** Koserow – Salzhütten
58_ **1943** Mellenthin – Wasserschloss
60_ **Um 1950** Naturpark – Klaus-Bahlsen-Haus
62_ **Um 1955** Naturpark – Thurbruch
64_ **1943** Naturpark – Peenemünder Haken
66_ **1992** Neu Pudagla – Forstamt
68_ **1988** Peenemünde – Hist.-Techn. Museum
70_ **1994** Prätenow – Wisentgehege
72_ **1991** Stolpe – Schloss
74_ **Um 1900** Swinemünde – Europapromenade
76_ **1920** Swinemünde – Museum
78_ **1930** Trassenheide – Strand
80_ **1935** Wolgast – Peenebrücke
82_ **1963** Wolgast – Rathaus
84_ **Um 1930** Zinnowitz – Neue Strandstraße
86_ **Um 1950** Zinnowitz – Palace Hotel
88_ **1983** Zinnowitz – Baltic Hotel
90_ **1963** Zinnowitz – Ostseebühne
92_ **Um 1985** Zirchow – Flughafen Heringsdorf

UM 1900   **AHLBECK – SEEBRÜCKE**

Magisch zieht es die Urlauber, vorbei an der Jugendstiluhr, die 1911 ein begeisterter Sommergast gestiftet hat, zu dem strahlend weißen, türmchenbespickten Wahrzeichen der Insel – zur Seebrücke. Sie stammt als einzige Mecklenburg-Vorpommerns noch aus der alten Bäderzeit. Bereits 1882 wurde hier eine hölzerne Aussichtsplattform errichtet. Zwei sich gegenüberstehende Bauten dienten als Bühne und Restaurant, Tische und Stühle standen allerdings noch unter freiem Himmel. Erst 1926 bedeckte man den offenen Mittelteil mit einem Segeltuch, wenig später mit einem festen Dach. Bereits 1898 wurde ein Seesteg mit Schiffsanleger gebaut, der allerdings nicht weit genug in die See hinausragte, sodass die Seebäderschiffe noch auf Zubringer angewiesen waren. Eisgang und Sturmflut zerstörten 1941/42 einen Teil der da-

mals 170 Meter langen Seebrücke. 1950 konnte der Bäderzeitcharme durch die Rekonstruktion des Unterbaus und dem Austausch hölzerner Trägerelemente bewahrt werden. Zwei Jahre später wurde das Seebrückenrestaurant wiedereröffnet. 1970 – 1973 ersetzte man alle Holzstützen durch Stahlträger, 1986 erfolgte die Erneuerung der Aufbauten. Die Seebrücke, dessen Brückengebäude zum größten Teil original erhalten ist, wurde unter Denkmalschutz gestellt. Das Brückenrestaurant überdauerte nicht nur die DDR-Zeit, sondern auch die eigenwilligen Geschäftsideen eines US-Investors, der daraus eine Pommes-Bude auf Pfählen machen wollte. Extra für die Dreharbeiten zu Loriots Film „Pappa ante Portas" wurde die Seebrücke 1991 weiß gestrichen. Seit 1993 ermöglicht ein 280 Meter langer Seesteg das Anlegen von Fahrgastschiffen.

UM 1900   **AHLBECK – AHLBECKER HOF**

Der „Ahlbecker Hof" zählt zu den schönsten Hotelbauten an der deutschen Ostseeküste. Französische Paläste standen Pate für das 1890 direkt an der Strandpromenade erbaute „Haus ersten Ranges", in dem prominente Gäste weilten: 1905 Franz Joseph I., Kaiser von Österreich, 1925 Louise Ebert und der frühere Reichskanzler Gustav Bauer, 1939 Theo Lingen. Ab 1950 kamen Mitglieder des Freien Deutschen Gewerkschaftsbundes (FDGB) in den Genuss des Komforts. Nach der Wende ließen sich im Gourmetrestaurant „Kaiserblick" Ex-Bundespräsident Horst Köhler und Prinz Henrik von Dänemark verwöhnen. 2006 schritt Königin Silvia von Schweden über den roten Teppich der Eingangstreppe. Das kleine Grand Hotel ist das Flaggschiff der Seetel-Gruppe, die das Haus 1995 übernahm und denkmalgerecht sanierte. Jahrzehntelange Nutzung durch den FDGB-Feriendienst hatten Spuren hinterlassen. 6,5 Tonnen Stuck wurden allein im Erdgeschoss wieder angebracht. Der „Ahlbecker Hof" ist das glanzvollste Kapitel einer erstaunlichen Unternehmensgeschichte. Vor 20 Jahren kam die Familie Seelige-Steinhoff auf die Insel. Mit den ersten Häusern auf Usedom, dem „Ostseehotel" in Ahlbeck und dem „Pommerscher Hof" in Heringsdorf wurde der Grundstein für die Seetel-Gruppe gelegt, die inzwischen über 120 Millionen Euro investierte und mit 16 Hotels und über 400 Mitarbeitern der größte Arbeitgeber auf Usedom ist. Als einziges deutsches Hotelunternehmen wird es in Florian Langenscheidts Kompendium „Aus bester Familie" als eines der erfolgreichsten deutschen Familienunternehmen vorgestellt.

UM 1900   AHLBECK – DAS AHLBECK

„A. Vogelers Pension Seeschloß", vom Maurer Karl Voß für eine Berlinerin zur Bewirtung von Badegästen erbaut, zeigt mit Dreiecksgiebeln, Veranden, Säulen und Rundbögen einen klassizistisch anmutenden Bäderstil, gepaart mit sachlicher Moderne. An die verspielte Fassade von 1882 schmiegt sich seit 2006 ein halbrunder Neubau an. „Das Ahlbeck", eines der ältesten Pensionshäuser an der Strandpromenade, ist heute eine bemerkenswerte Symbiose aus Alt und Neu. Niemand ahnt mehr, dass das schicke Vier-Sterne-Superior-Hotel im Jahr 2001 noch eine Investruine war. Für 3,76 Millionen DM wurde sie von einer ostfriesischen Gesellschaft ersteigert. Damals hieß sie noch „Klabautermann".

Das 1952 vom FDGB übernommene Haus stand seit 1983 leer und sollte Ende der 1980er Jahre saniert werden. Danach sah man noch einige vermeintliche Retter im ruinösen Hause werkeln, doch was blieb, war ein öffentlicher Schandfleck. Mit geradlinigen Fenstern schaut heute der schicke Erweiterungsbau neben der sanierten Fassade der einstigen „Pension Seeschloß" aufs Meer. Über dem Eingang verblüfft der schlichte Schriftzug „Das Ahlbeck". Normalerweise verorten sich Hotels und Pensionen in den Usedomer Kaiserbädern mit eher nostalgischen Namen. „Das Ahlbeck" aber unterscheidet sich von der traditionellen Bäderkultur, es steht für zeitgemäßes Design.

1913 AHLBECK – JUGENDFERIENPARK

Unser Kaiserpaar freut sich über das fröhliche Spielen der Kinder im Kaiser Wilhelm-Kinderheim zu Ahlbeck.

Der heutige „Jugendferienpark der Sportjugend Berlin" auf dem 40 000 Quadratmeter großen Grundstück am östlichen Ortsrand von Ahlbeck geht auf eine Stiftung des deutschen Kaisers Wilhelm II. zurück. 1912 entstand hier einer der ersten Holz-Fertigbauten Europas, ausgeführt von der Firma Christoph & Unmack aus Niesky/Oberlausitz. Zum rechtwinkelig angelegten Ensemble gehören das Haus der Oberin (in Stein), das Küchengebäude mit dem Speisesaal, und jeweils zur Wald- und Seeseite zwei Unterkunftsgebäude. Dazu Nebengebäude, Sanitärhäuser sowie zwei Pavillons am Strand. Die Häuser verfügten über eine ausgeklügelte mechanische Lüftung, Zentralheizung sowie Kalt- und Warmwasser. Wie im kaiserlichen Testament verfügt, diente die Einrichtung auch nach dem Tod Wilhelm II. als Sommerferienort für hilfsbedürftige Kinder. Während der Weimarer Zeit organisierte die „Reichsanstalt für die Entsendung von Kindern zum Erholungsaufenthalt" den Ferienaufenthalt. Ab 1933 gehörte sie zur NS-Volkswohlfahrt. Nach 1945 zunächst russische Kommandantur, befand sich hier ab 1949 das „Zentrale Pionierlager Boleslav Bierut", benannt nach dem kommunistischen Politiker aus Polen. Nach der Wende wurde es von der Treuhand an den Landessportbund Berlin und dessen Jugendorganisation verkauft, der das Gelände zum „Jugendferienpark der Sportjugend Berlin" ausbaute und die historische Bausubstanz zum Teil aufwändig restaurierte. So sind auch Gebäude erhalten geblieben, die eigentlich 1989 von der FDJ durch Betonbauten ersetzt werden sollten. Derzeit verbringen hier jährlich 4 000 Kinder und Jugendliche ihre Freizeit.

UM 1904 AHLBECK – UWES FISCHERHÜTTE

Frischer Fisch: Geräuchert, gebraten oder gekocht – kein Produkt nährt so sehr die Sehnsucht der Urlauber nach Inselromantik wie Hering, Aal und Flunder. Uwe Krüger ist Fischer in sechster Generation. Seine Fischerhütte gegenüber den feinen Strandpromenadenvillen gibt dem Ostseebad nicht nur das bodenständige Flair, mit ihr hält sich auch ein aussterbender Beruf am Leben: die Strandfischerei. Um 1900 nährte Fisch um die 200 Fischer in Ahlbeck. Nach dem Zweiten Weltkrieg waren es kurzzeitig sogar etwa 300. Von 1990 bis heute sank die Zahl der Berufsfischer von 30 auf sechs. Heute lebt kaum ein Fischer mehr vom Fang allein. Familie Krüger betreibt zudem eine kleine Pension und vermarktet ihren Fisch selbst. 1990 wurde aus der alten Fischerhütte, in der man einst Netze flickte, „Uwes Fischerhütte". Im Familienbetrieb führt Mutter Christine die Buchhaltung, Sohn Lars kocht, Tochter Nadine steht hinter dem Fischtresen und Schwiegersohn Andreas fährt als einziger Fischerlehrling der Insel mit hinaus auf das Meer. Manchmal begleitet auch Enkel Nils seinen Opa. Dabei rudert Uwe Krüger natürlich nicht mehr wie seine Vorfahren über das Wasser, ein 40 PS-Motor und Navigationshilfe erleichtern die Arbeit. Wenn das Boot wieder anlandet, pölen die Fischer noch am Strand die Heringe aus den Netzen. Die neugierigen Fragen der Urlauber stören sie nicht, denn „als meine Urgroßmutter noch Fische verkaufen wollte, musste sie frühmorgens zu Fuß mit den Fischkörben auf dem Rücken bis zum Markt nach Swinemünde gehen", erinnert sich Uwe Krüger. Seinen Fisch wird er reißend los, die Gartentische sind gut besetzt. „Uwes Fischerhütte" hat inzwischen sogar einen Terrassenanbau mit Blick auf das Meer.

1930 BANSIN – BERGSTRASSE

In Bansin, dem jüngsten und kleinsten der heutigen drei Kaiserbäder, lebten die Bauern, Fischer und Waldarbeiter landeinwärts am Gothensee. Am Strand, wo sich heute die Badegäste tummeln, standen nur rohgedeckte Holzhütten für die Fischfanggeräte und Pökelsalz. Ab 1897 gewann Bansin als Badeort immer mehr an Bedeutung. Schon 1905 zählte ein Reiseführer: „100 elegante Villen ... Wohl noch nie hat ein Ostseebad ein so rapides Aufblühen zu verzeichnen gehabt." Schon im Gründungsjahr entstanden die Sommerpensionen an der Südseite der Bergstraße, eines der schönsten geschlossenen Ensemble der Bäderarchitektur. Innerhalb der nächsten 20 Jahre wurde die gesamte Bergstraße bebaut, wobei es ein ungeschriebenes Gesetz war, dass die Häuser an der Seeseite, zumeist Hotels, immer versetzt zu den Pensionen in der zweiten Reihe gebaut werden mussten, sodass auch diese mit dem Ostseeblick werben konnten. 1945 kamen viele Flüchtlinge in die Badeorte. Bansins Einwohnerzahl verdoppelte sich. Aus vielen Pensionen wurden notdürftige Wohnungen. 1953 wurden die Hausbesitzer in der Bergstraße enteignet. Das geschah im Rahmen der sogenannten Aktion Rose. Rigide schuf sich der Staat Platz für den gelenkten Urlauberverkehr. Etwa 100 Mark kostete eine Woche FDGB-Urlaub mit Vollpension. Seit der Wende wieder in privater Hand, strahlen die sanierten Häuser nun wieder die Eleganz des alten Badeortes Bansin aus.

UM 1975 BANSIN – HANS-WERNER-RICHTER-HAUS

„Er diente bei der Freiwilligen Feuerwehr, die oft Brände löschte, die es gar nicht gab, vorgetäuschte Brände, irgendwo im Hinterland, um einen Zug zu machen und von den Frauen für einen Tag wegzukommen. ... So stob er mit den anderen zum Dorf hinaus, hilfsbereit einem fernen Brand zu, der nur in den Kehlen der Feuerwehrleute bestand. Schon beim nächsten Wirtshaus hielten sie an und tranken erstmal einen, und wenn sie nach Hause kamen, sagten sie, es sei wieder einmal blinder Alarm gewesen. Mein Vater aber blies während dieser Zeit mehr blinden Alarm als echten", schrieb Hans Werner Richter in seiner Erzählung „Blinder Alarm". Die Freiwillige Feuerwehr war ein beliebtes Thema des Schriftstellers, der am 12. November 1908 in Neu-Sallenthin, heute ein Ortsteil Bansins, geboren wurde und auf der „Hoflage" der Familie Richter in der Bansiner Seestraße 68 aufwuchs. Zahlreiche seiner Romane wie „Spuren im Sand" und „Bansiner Geschichten" schildern das Leben einfacher Leute in der ersten Hälfte des vergangenen Jahrhunderts auf der Insel Usedom. Heute ist Richter vor allem als Initiator und Leiter der Gruppe 47 bekannt, die der westdeutschen Nachkriegsliteratur zum Durchbruch verhalf. Seine Ehefrau Toni Richter vermachte 1993 wesentliche Teile des privaten Nachlasses der Gemeinde Bansin. Martin Bartels, der mit den Richters befreundete ehemalige Pastor von Benz, und Martin Meenke vom damaligen „Amt am Schmollensee" konzipierten mit Unterstützung der Gemeinde das kleine Literaturhaus. Der Umbau des 1904 erbauten und inzwischen desolaten alten Feuerwehrhauses wurde mit erheblichen Fördermitteln unter der Regie des Usedomer Architekten Klaus Johannsen realisiert.

UM 1934 BANSIN – HOTEL ATLANTIC

Der Charme des 19. Jahrhunderts zeigt sich in warmen Holztönen und Messingglanz, in Seidentapeten und Marmorbädern. Zwölf Bleikristallüster funkeln im Gourmetrestaurant. Einst Tanzsaal, sitzen heute die Gäste hier an festlich gedeckten Tischen. Sechs hohe Rundbogenfenster rahmen den Blick auf das Meer. Das kleine Luxushotel, Ende des 19. Jahrhunderts erbaut, gehörte ab 1934 der Bansiner Familie Pfitzmann. Seine Bestimmung als Feriendomizil büßte es allerdings ein, als hier während des Zweiten Weltkrieges Konstruktionszeichensäle für die Heeresversuchsanstalt in Peenemüde eingerichtet wurden. Nach Kriegsende kurzzeitig Lazarett der Sowjets, nutzte es später auch die HO, das Haus jedoch blieb in Privatbesitz. Noch im Frühjahr 1989 übergab die Familie Pfitzmann das inzwischen dringend sanierungsbedürftige Hotel dem staatlichen Feriendienst FDGB. Als 1991 die Möglichkeit bestand, das „Atlantic" im Rahmen des Verwaltungs- und Verwertungsrechtes per Rückübertragungsanspruch von der Kommune zurückzukaufen, legte die Treuhand Widerspruch ein. Die Familie Seelige-Steinhoff erwarb das Hotel. 1994 wurde das Haus aus seinem Dornröschenschlaf wachgeküsst. Die Seetel-Gruppe ließ es nach historischen Zeichnungen rekonstruieren. Auf dem silbernen Milch- und Zucker-Accessoire, das Rolf Seelige-Steinhoff von Norbert Pfitzmann erwarb, steht noch der einstige Name „Kurhaus", wie das Hotel in seinen glanzvollsten Zeiten hieß. Heute strahlt das Kleinod Bansiner Bäderarchitektur wieder Luxus und feine Lebensart aus.

UM 1934 BANSIN – HOTEL ZUR POST

Gerhard Gühler, in der Seele halber Schwabe und von Statur ganzer Pommer, zeigt auf die Fotos an der Wand: Das „Hotel zur Post" 1903 und 1990 – einmal mit und einmal ohne Turmspitze. Anfang des 20. Jahrhunderts unter dem Namen „Villa Proll" erbaut, beherbergte es bis 1923 das Bansiner Postamt. 1947 erwarb die Familie Gühler das Haus. Sechs Jahre später floh sie bei Nacht und Nebel vor der Aktion Rose, dem großen Enteignungsrundumschlag mit zu befürchtenden Repressalien, nach Stuttgart. In das Haus zog die HO. Da war Gerhard Gühler erst zehn Jahre alt. Nach dem Mauerfall kehrte er zusammen mit seiner Gattin Sieglinde in die alte Heimat zurück und investierte Millionen in die Rekonstruktion des Hauses. Für die stilgetreue Wiederbelebung des Gebäudes gab es einen Preis der Denkmalpflege. 1996 konnte der erste Anbau mit 45 neuen Zimmern eröffnet werden. Gerhard Gühler verlor nicht die sich verändernden Bedürfnisse der Urlauber aus dem Auge und erkannte bald das saisonverlängernde Potenzial eines guten Wellnessangebotes. 2005 eröffnete das mit inzwischen 170 Zimmern größte First-Class-Hotel der Insel einen 1200 Quadratmeter großen Wellnessbereich. Heringsdorfer Heilsole und Rügener Heilkreide aber auch traditionelle chinesische Medizin dienen hier dem harmonischen Dreiklang von Körper, Geist und Seele.

UM 1930 — BANSIN – HOTEL GERMANIA

In den „Bansiner Geschichten" Hans Werner Richters heißt er der „Gemeindegewaltige" und wird als „demokratischer Diktator, mit dem Auftreten, dem Schädel und dem Schnauzbart eines Bismarck" beschrieben. Maurermeister Heinrich Frank, zugleich Mitglied der freiwilligen Feuerwehr und Bürgervorsteher, lieferte sich in der Gemeindevertretung heftige Wortduelle mit Richard Richter, dem Vater des Schriftstellers und gewann, zumindest in der Erzählung „Blinder Alarm". Kurz nach 1900 baute Heinrich Frank die ersten drei Häuser an der Bansiner Strandpromenade: Das Hotel „Seeblick" (heute „Kaiser Wilhelm"), in dem Thomas Mann an den Schlusskapiteln seines „Zauberbergs" geschrieben hat, die Villa „Kleiner Seeblick" und das Hotel „Germania". Im Zuge der Aktion Rose wurde Heinrich Frank verhaftet und verlor alle seine Häuser, so auch das Hotel „Germania". Heinrich Frank kam ins Zuchthaus und starb nach seiner Entlassung in Bansin. Die Familie ging nach Stuttgart. Nach der Wende erhielten die Enkelinnen das Familienerbe zurück. Damit gehört das „Germania" zu den wenigen Hotels, die nun wieder von den Gründerfamilien betrieben werden. Heinrich Franks Enkelin Barbara und ihr Mann Günter Jörg haben das denkmalgeschützte Haus sorgfältig modernisiert. Das Erdgeschoss und die Bäder wurden saniert, das Restaurant „Seeblick" entstand und die Fassade wurde neu gestaltet. Ganz im Sinne des Gründervaters – denkmalgerecht und traditionsbewusst.

UM 1980 GOLM – GEDENKSTÄTTE

Tausende Opfer des amerikanischen Bombenangriffs auf Swinemünde wurden im südöstlichsten Zipfel Usedoms, auf dem 69 Meter hohen bewaldeten Golm, begraben. Die mächtigste Insel-Erhebung war einst beliebtes Ausflugsziel der Swinemünder. Seit 1876 befand sich am Fuße des ehemaligen bronzezeitlichen Burgwalls ein Eisenbahnhaltepunkt. Man traf sich in „Onkel Toms Hütte" und genoss die Aussicht auf Haff und Stadt – bis der Krieg die Idylle zerstörte. Schon 1944 wurde dort ein Soldatenfriedhof angelegt. Der Bombenangriff am 12. März 1945 traf vor allem Zivilisten. Am östlichen Swineufer warteten kilometerlange Trecks auf die Überfahrt. Im Hafen lagen Flüchtlingsschiffe aus Hinterpommern, West- und Ostpreußen. Auf dem Bahnhof standen überfüllte Lazarett- und Flüchtlingszüge, als 661 Bomber die Stadt in ein brennendes Inferno verwandelten. Zwischen 6 000 und 14 000 Menschen kamen ums Leben. Zu DDR-Zeiten kämpfte die Evangelische Kirche um den würdigen Erhalt des Friedhofes. Die bereits 1952/53 gefertigte Skulptur „Die Frierende", vom Barlach-Schüler Rudolf Leptin, konnte erst 1984 dank privater Initiative aufgestellt werden. Ende der 1960er Jahre wurde die Kriegsgräberstätte mit den vier Gräberfeldern zur weiträumigen Rasenfläche ohne christliche Symbolik. Seit 1992 kümmerte sich die Interessengemeinschaft Gedenkstätte Golm e. V. um die Anlage und setzte frühere Gestaltungsideen um. So weist wieder ein hohes Holzkreuz auf die Gedenkstätte hin. Seit 2000 betreut der Volksbund Deutsche Kriegsgräberfürsorge e. V. die größte Kriegsgräberstätte des Landes Mecklenburg-Vorpommern.

1935 HERINGSDORF – USEDOMER BÄDERBAHN

Mit der Eröffnung der Bahnlinie Ducherow-Swinemünde wurde 1867 der Grundstein für den Schienenverkehr auf Usedom gelegt. Sieben Jahre später fuhr der erste Zug von Swinemünde nach Heringsdorf. Bis 1911 war die Bahnlinie Heringsdorf-Seebad bis Wolgaster Fähre fertiggestellt. Ein weiteres wesentliches Stück Usedomer Bahngeschichte spielte sich ab 1936 im Inselnorden ab. Für die Heeresversuchsanstalt Peenemünde wurde ein hochmodernes Werkbahnnetz errichtet, das sich am Berliner S-Bahn-Standard orientierte und neben Material täglich bis zu 12 000 Menschen transportierte. Anfang der 1990er Jahre stand die Inselbahn vor dem Ruin: alte Fahrzeuge, marode Strecken, verkommene Bahnhöfe. Gemeinsam mit dem damaligen Bundesverkehrsminister Günther Krause regte der Chef der Deutschen Bahnen, Heinz Dürr, ein Projekt zur Sanierung an. 1994 wurde die Usedomer Bäderbahn GmbH (UBB) als Tochterunternehmen der Deutschen Bahn AG gegründet, sie übernahm 1995 die Inselbahn. Man investierte über 100 Millionen Euro. Die 83 Kilometer langen Gleisanlagen wurden erneuert, Fahrzeuge, Bahnhöfe und das Verwaltungsgebäude saniert bzw. neu gebaut, museumsreife Sicherungstechnik auf modernsten Stand gebracht. Inzwischen sind über drei Millionen Fahrgäste befördert worden. 2005 schlossen die Stadt Swinemünde, die Kommunalgemeinschaft Europaregion Pomerania und die UBB einen Vertrag über den 3,2 Millionen Euro teuren Ausbau der Eisenbahnstrecke, die nun den deutschen und polnischen Teil der Insel verbindet.

UM 1930   HERINGSDORF – BAHNHOF

Am 1. Juli 1894, noch rechtzeitig zur Badesaison, fuhr der erste Zug in Heringsdorf ein. Nach vier Jahren Bauzeit wurde die 7,7 Kilometer lange Strecke eingeweiht. Zwar war die Insel Usedom mit dem Festland längst durch die Bahnstrecke Ducherow-Swinemünde verbunden, doch das aufstrebende Seebad Heringsdorf konnte noch immer nur per Pferdekutsche oder mit dem Dampfschiff erreicht werden. Dabei hatte die längst fällige Bahnanbindung prominente Fürsprecher, wie der seit 1889 regierende Kaiser Wilhelm II. Der AG Heringsdorf, Schöpferin des Seebades, war die Schienenanbindung ein ebenso wichtiges Anliegen, wie der Bau eines repräsentativen Bahnhofs. Nicht wie ein Arme-Leute-Haus sollte er aussehen, sondern ein Schmuckstück aus Backstein werden, mit großer Glaskuppel, überdachten Bahnsteigen und prachtvollen Toiletten. Ein würdiger Empfang auch für den Kaiser. An dessen Reisen nach Heringsdorf erinnert dort noch heute ein Wagen seines Sonderzuges – der Herrengefolgewagen. Eine Fortsetzung der Bahnstrecke weiter Richtung Westen wurde noch zwölf Jahre lang verhindert, man bangte um den wirtschaftlichen Vorsprung. Erst 1911, mit der Eröffnung der 32,45 Kilometer langen Strecke von Heringsdorf nach Wolgaster Fähre, profitierte ganz Usedom von der Inselbahn. Neue Bahnhöfe entstanden, wobei die in Bansin, Ückeritz und Koserow dem Heringsdorfer sehr ähnelten. Alle zehn Bahnhöfe und 17 Haltepunkte wurden nach 1994 von der UBB komplett saniert.

UM 1936 HERINGSDORF – FORUM USEDOM

Im Zentrum des damaligen Nobelbades Heringsdorf, am Konzertplatz, in Sichtweite des Familienbades und des großen Luxushotels „Kaiserhof Atlantik" stand das „Strandcasino". Die 50 Meter lange Glashalle beherbergte Geschäfte sowie einen großen Saal für Gesellschaftsbälle und Theateraufführungen. Diese Vergnügungs- und Spielstätte, das Herzstück des geselligen Badelebens in Heringsdorf, wurde in einschlägigen Reiseführern empfohlen: „Das Gebäude enthält einen großen Saal von nahezu 500 qm, ferner die offiziellen Kurräume: Einen Musik-, einen Lese- und einen Konversationssaal." Das 1897/98 in Holzbauweise errichtete „Strandcasino" brannte 1946 ab. Noch im selben Jahr wurde an gleicher Stelle mit dem Bau eines Kulturhauses der Roten Armee begonnen. Heringsdorf war im Nachkriegsjahr auf Befehl der Sowjetischen Militäradministration Deutschland (SMAD) zum Lazarettstandort erklärt worden. Der zweigeschossige Putzbau, geprägt vom neoklassizistischen Stil der Stalin-Ära, bot als sogenanntes „Kulti" 750 Besuchern Platz. Nach der Wende erwarb Gerd Seele, der als Architekt und Stadtplaner auf die Insel gerufen wurde, das marode Haus und erweckte den Geist des Ortes wieder neu. Im heutigen Forum Usedom befindet sich das Spielcasino sowie der historische Fest- und Veranstaltungssaal im einstigen „Kulti" und das neu erbaute „Maritim Hotel Kaiserhof", ein dem Meer zugewandter Glaspalast – so blau wie der Himmel. Seitdem flanieren die Urlauber auch wieder im Rosengarten des Kurparks und lauschen der Musik im Konzertpavillon.

1913 HERINGSDORF – KORBWERK GMBH

1882 baute der Rostocker Hof-Korbmachermeister Wilhelm Bartelmann den ersten Strandkorb. Bald folgte dem senkrechten Einsitzer der Zweisitzer. Anfang der 1920er Jahre sonnte man sich schon im klassischen „Halblieger". 1925 gründete Carl Martin Hader in Wolgast die älteste noch bestehende Strandkorbmanufaktur, die seit 1933 in Heringsdorf ansässig ist. Das Unternehmen überstand stürmische Zeiten. Im Krieg wurden mehr Munitions- als Strandkörbe geflochten. Als zu DDR-Zeiten das vom FDGB gesteuerte Urlaubswesen wieder in Schwung kam, war die Nachfrage groß. Über die Hälfte der Exemplare ging jedoch, mit Schaumstoff statt mit Holzwolle gepolstert, in den Westen. So mancher Hoteldirektor im Osten musste genauso lange auf einen Strandkorb wie auf einen Trabi warten – mehr als zehn Jahre. 1961 wurde das Flechtwerk aus Rohrbast volkswirtschaftlich bedingt durch Sperrholz und gepresste Pappe ersetzt. Mit der Wende musste sich das Werk neu positionieren. Heute produziert die Korbwerk GmbH jährlich ca. 4 000 Strandkörbe – alles in Handarbeit. Die Korbgestelle aus heimischer Kiefer, afrikanischem Iroko- oder Teakholz werden zumeist mit witterungsbeständigen Kunststoffbändern oder mit Rattan umflochten. Der neunsitzige G8-Gipfel-Strandkorb ist die wohl bekannteste Heringsdorfer Spezialanfertigung. Es gibt Ein-, Zwei- oder Dreisitzer, als Halb-oder Ganzlieger – mit oder ohne Radio, Heizung, Licht, Safe und Kühlschrank. Auch in Amerika, Südafrika, Brasilien und Australien kann man den Heringsdorfer Strandkorb finden.

1930 HERINGSDORF – SEEBRÜCKE

Zur Kulisse mondänen Badelebens gehörten neben Kurhäusern und Musikpavillons auch die Seebrücken. Insgesamt 19 Stück gibt es heute an der Küste Mecklenburg-Vorpommerns. Mit 508 Metern gilt die Heringsdorfer Seebrücke als die längste auf dem europäischen Festland. Dieses Bauwerk aus Stahl und Glas entstand 1995 rund 50 Meter neben dem Standort ihrer hölzernen Vorgängerin, der alten Kaiser-Wilhelm-Brücke, die u. a. durch Eisgang und Brandstiftung 1958 von der Bildfläche verschwand. Nur noch Holzstümpfe ragen aus dem Wasser, auf denen Kormorane ihre Flügel zum Trocknen in den Seewind halten. Dabei war sie mit ihren Türmen und mit den für die Wolgaster Actiengesellschaft für Holzverarbeitung typischen Drachenköpfen ein Prachtstück Usedomer Bäderarchitektur. Auftraggeber war die AG Heringsdorf, Unterzeichner die Gebrüder Delbrück. „Nu könn' se uff'n Wasser loofen", stand zur Einweihung 1893 an Berliner Litfaßsäulen. Die Seebrücke ermöglichte den Badegästen, die bislang zum Anlanden von kräftigen Fischern ausgebootet wurden, eine komfortablere Anreise. 1902 wurde sie um einen Motorbootanleger und eine Anlegerbrücke für die Rügendampfer erweitert. Obwohl etwa 50 Meter kürzer als der heutige Brückenbau, galt sie bereits damals als längste und attraktivste Seebrücke an der Ostseeküste. Mit Unterstützung der Delbrück-Nachfahren wurde nach dem Mauerfall mit dem über 32 Millionen DM teuren Neubau begonnen. Dafür wurden Stahlpfeiler sechs Meter tief in den Sandboden gerammt. Heute wie damals befinden sich in den Brückenbauten zahlreiche Geschäfte und Restaurants. Und nirgendwo wohnt man dichter am Meer als in den Ferienwohnungen auf der Seebrücke.

1950 HERINGSDORF – STRANDHOTEL OSTSEEBLICK

Dieses Haus spiegelt ein Stück Zeitgeschichte wider. 1936 erwarben die Großeltern von Uwe Wehrmann das damalige „Treptows Hotel- und Weinhaus". Die Jahreszahl lässt vermuten, dass es wie so viele vorher in jüdischem Besitz war und enteignet wurde. Doch Enkelsohn Uwe Wehrmann konnte 1992 gegenüber der Treuhandanstalt nachweisen, dass dem ein ordnungsgemäßer Kauf von der Sparkasse Wolgast zugrunde lag. Seine Großeltern führten das Haus bis in das für die Gastronomie und Hotellerie der DDR unselige Jahr 1953. Während nach dem Krieg zwischen Borkum und Travemünde der Bäderbetrieb wieder aufgenommen werden konnte, blühte den privaten Besitzern von Cafés, Hotels und Pensionen im Osten die Aktion Rose. Hunderte Ermittlungsverfahren wurden wegen angeblicher Wirtschaftskriminalität eingeleitet.

Kurt und Elisabeth Wehrmann kamen wegen einem Zentner Zucker und einem Fass Salzheringe für Jahre ins Gefängnis. Als die Mauer fiel, machte der Sohn aus dem Traum von einer Heimkehr Wirklichkeit. Doch das einst im Bäderstil erbaute Haus hatte der FDGB 1986 abreißen und durch ein schlicht errichtetes Bettenhaus ersetzen lassen. 1994 übernahmen Enkel Uwe Wehrmann und seine Frau Sibylle das Erbe. 1996 wurde es instandgesetzt wiedereröffnet. An- und Umbauten folgten: 2003 das Schwimmbad, 2006 die Strandlounge. 2011 wurde das Vier-Sterne-Superior-Hotel mit seinen 60 Zimmern erneut renoviert. Die Besitzer haben weit über eine Million Euro in das Strandhotel Ostseeblick investiert. Es ist mit dem höchsten Zertifikat des Deutschen Wellnessverbands ausgezeichnet: Premium Excellent.

1893   HERINGSDORF – VILLA FLORENCE

Die ersten zerlegbaren Holzhäuser wurden bereits Ende des 19. Jahrhunderts von der Wolgaster Actien-Gesellschaft für Holzbearbeitung gefertigt. Man exportierte sie sogar bis nach Südamerika. Die Fertigbauten waren in ihrer gemütlichen Mischung aus schweizerischen und nordischen Stilelementen so beliebt, dass das Werk um 1900 ca. 150 Arbeiter, zumeist Zimmerleute, beschäftigen konnte. Auf dem Grundstück Möwenweg 1 – 2, heute Puschkinstraße, errichtete man für den Zahnarzt Dr. Sylvester schon vor 1893 die „Villa Florence". Mit dieser Villa habe sich Architekt Johannes Lange ein eigenes Denkmal gesetzt, so Hans-Ulrich Bauer, Autor und Verleger des Igel Usedom Verlags. Bauer hat sich in seinem Buch „Holzhäuser aus Wolgast – Ikonen der Bäderarchitektur" erstmals mit der hiesigen Baugeschichte beschäftigt. Wie aus einer Preisliste hervorgeht, kostete die ca. 50 000 Kilogramm schwere Villa – fertig verpackt, frei Waggon oder Schiff – 17 900 Mark. Die Maurerarbeiten wurden mit 1800 Mark und die Aufstellung mit 1900 Mark veranschlagt. In der DDR gehörte die Villa zum Ferienheim der Flugzeugwerke Dresden. Sorgfältig restauriert, ist sie heute eines der beliebtesten Fotomotive an der Strandpromenade.

1925 HERINGSDORF – VILLA OASIS

An der Heringsdorfer Strandpromenade flanierten einst die Reichen der Reichen. Nach dem Zugeständnis des preußischen Staates auf freie Wahl des Wohnsitzes bauten sie sich ihre Häuser inmitten großzügig angelegter Parks. Die vornehmsten standen in der ersten Reihe, mit Blick auf das Meer. Heringsdorf wurde vor allem Sommersitz für betuchte Berliner. Auch der jüdische Großindustrielle Friedrich Löwner, der sich 1896 die Jugendstilvilla „Oasis" errichten ließ, stammte aus Berlin. Seine Gattin, die Opernsängerin Caroline Löwner, machte das Haus zu einem gesellschaftlichen Treffpunkt. Mit Machtergreifung der Nationalsozialisten wurde Löwner enteignet. Die Villa diente nun dem „Verein deutscher Kinder im Ausland" als Kindererholungsheim – während des Krieges wurde es als Müttererholungsheim „Haus am Meer" weitergeführt. Nach 1945 beherbergte die Villa ein Sanatorium für russische Offiziere und war später Gästehaus der Deutsch-Sowjetischen Freundschaft. 1994/95 ließ es der neue Besitzer stilgerecht sanieren und machte es als feines Privat-Hotel, das inzwischen fünf Sterne trägt, für die Öffentlichkeit zugänglich. Die mit edlen Hölzern getäfelte Empfangshalle, das geschnitzte Treppengeländer und der überdachte Lichthof demonstrieren noch heute den Anspruch an ein herrschaftliches Entree des 19. Jahrhunderts.

1936 HERINGSDORF – VILLA STAUDT

An der Strandpromenade von Heringsdorf nimmt die Usedomer Bäderarchitektur vornehmste Formen an. Seinen Wandel vom Fischernest zum Nizza der Ostsee verdankt der Ort vor allem dem Wahlheringsdorfer Dr. Hugo Delbrück und seiner Aktiengesellschaft Seebad Heringsdorf. Majestätischer Glanz fiel mit den Besuchen Kaiser Wilhelm II. auf Heringsdorf. Seine Hoheit kam jedes Jahr auf seinen Nordlandreisen von Swinemünde nach Heringsdorf, um in der „Villa Miramar" – der heutigen „Villa Staudt" – Tee bei der schönen Konsulin Elisabeth Staudt zu trinken. Konsul Wilhelm Staudt erwarb um 1900 das Grundstück in der Nähe der Seebrücke und des Casinos. Er ließ die „Villa Miramar" des Malers Eichstädt herrschaftlich umbauen, in einer Mischung aus Neobarock und Jugendstil. 1906 starb der Konsul der República Oriental del Uruguay an einer Blinddarmentzündung. Zwischen 1909 und 1912 empfing seine Witwe regelmäßig den Kaiser, was zu allerlei Gerüchten führte und Menschenmengen an die Promenade lockte. 1937 wurde die Villa an Theodor Morell, Berliner Modearzt und später Leibarzt Hitlers, verkauft. 1945 funktionierten sie die Russen zu einem Sanatorium um, danach wurde die Villa zum Ferienheim „Wilhelm Pieck I" für die Genossen des Zentralkommitees der SED. Nach 1989 residierte dort kurzzeitig die Interflug. Vom neuen Besitzer, einem geschlossenen Immobilienfonds, wurde der Villa schließlich für sieben Millionen DM der herrschaftliche Charme mit zwölf stilvollen Ferienwohnungen zurückgegeben.

1934 KARNIN – HUBBRÜCKE

1876 fuhr der erste Zug über die neue Bahnstrecke zwischen Ducherow und Swinemünde. Sie passierte die Peene an einer 500 Meter breiten Stelle zwischen den Dörfern Kamp auf dem Festland und Karnin auf Usedom. Die alte Drehbrücke wurde 1933 durch eine Hubbrücke nach Fahrstuhlprinzip ersetzt, mit einer 25 Meter-Durchfahrtshöhe für Schiffe. Täglich fuhren ein Dutzend Schnellzüge und unzählige Züge mit militärischer Fracht für die Marinebasis Swinemünde und die Heeresversuchsanstalt Peenemünde über die Brücke. Am 29. April 1945 wurde die technische Meisterleistung aus rostbeständigem Stahl, bis auf das Hubteil als Fluchtweg für deutsche Marineeinheiten, vor dem Einmarsch der Russen gesprengt. Auch die weiter nördlich gelegene Straßenbrücke wurde zerstört. Heute rollt über die 330 Meter lange Klappbrücke wieder der Autoverkehr. Von der Hubbrücke steht nur noch das 35 Meter hohe Mittelteil. 1990 hatte die Reichsbahn schon Abrisskräne bestellt. Doch viele Insulaner, allen voran der Verein Usedomer Eisenbahnfreunde, wehrten sich gegen eine Demontage. Seitdem kämpft der Verein um die Wiederbelebung der östlichen Zugstrecke, zur Vermeidung des allsommerlichen Verkehrskollaps. 2010 gründeten Deutsche und Polen das Aktionsbündnis „Karniner Brücke". Berlin-Usedom in zwei Stunden (nur halb so lang wie heute) lautet der hoffnungsvolle Slogan. Eine Wiederbelebung des historischen Hubteils wird aber ausgeschlossen. Ein Modell im Maßstab 1:27 kann man übrigens im Zweiradmuseum Dargen bestaunen.

1968 KARLSHAGEN – HAFEN

Karlshagen wurde 1829 als Fischerkolonie gegründet – „auf einem bis dahin unbewohnten Landstrich von etwa 12 Kilometer Ausdehnung." So steht es in einem Seebäderprospekt aus den 1930er Jahren. Den ursprünglichen Namen Carlshagen erhielt die Siedlung allerdings erst 1837, benannt nach dem Regierungspräsidenten Carl von Triest. Er hatte sich um die Gründung verdient gemacht. In die unerschlossene Gegend aus Sand und Wasser kamen vor allem Fischer. Bald entstand eine ansehnliche Flotte, in besten Zeiten mit bis zu 30 Schiffen. Sie fand am Ufer der Peene einen sicheren Naturhafen. Doch dieser drohte in den 1920er Jahren zu versanden. Mit dem Deichbau 1927/28 ergab sich schließlich die Gelegenheit, auch das Becken auszubaggern. Der ausgehobene Boden wurde zur Erhöhung des Hafengeländes aufgespült. „So war ein Freudentag für alle Fischer, als im Juni 1930 der neue Hafen eingeweiht werden konnte", schreibt Franz Brauns in der Ortschronik „Von Carlshagen nach Karlshagen". 1938/1939 als Umschlagplatz für die Heeresversuchsanstalt Peenemünde genutzt, wurde das Hafenbecken stark vergrößert. Fischerboote fanden nun allerdings kaum noch Platz zwischen den riesigen Frachtern. Etwas abseits entstand ein kleiner Hafen für Ruder- und Sportmotorboote. Heute ist der mit dem Qualitätssiegel „Gelbe Welle" und drei Sternen ausgezeichnete Fischerei- und Yachthafen der größte im deutschen Teil Usedoms. Mit einer Wassertiefe bis zu vier Metern finden in der modernen Anlage 112 Schiffe ihren Platz.

UM 1925   KÖLPINSEE – OSTSEESTRANDKLINIK KLAUS STÖRTEBEKER

„Die Lage des Ortes ist bezüglich des Zusammenwirkens aller Heilfaktoren kaum zu überbieten", warb 1910 die Vereins-Kinderheilstätte in Kölpinsee. Um „kränklichen und schwächlichen Kindern des Mittelstands" Aufnahme zu gewähren, erwarb der Heilpflege Verein Berlin frühzeitig drei der größten Häuser des Ortes, so auch 1921 das damalige Hotel „Seeblick". 1910 vom Berliner Bauherren Schulz in der vergeblichen Hoffnung erbaut, das stille Seebad könne sich auch so städtisch etablieren wie Heringsdorf, betrieb bald eine Aktiengesellschaft unter der Fahne des Deutschen Roten Kreuzes die Häuser. 1935 von der Nationalsozialistischen Volkswohlfahrt übernommen, richtete die Deutsche Wehrmacht 1944 hier ein Lazarett ein. Raketenspezialist Wernher von Braun verlagerte nach der Bombardierung Peenemündes eine Abteilung seines V-Waffen-Konstruktionsbüros in den Kultursaal des Heimes. Im Mai 1945 bezog ein russisches Reiterbataillon Quartier, Flüchtlinge folgten. Zögernd begann nach 1945 wieder der Kurbetrieb durch das Deutsche Rote Kreuz. 1951 übernahm die Sozialversicherung die Häuser als Kindererholungsheim „Sophie Scholl". 1971 wurde das Heim zum Kindersanatorium. 1993 erwarb es die Saarbrücker Johannesbad AG. Mit einer Gesamtinvestition von 20 Millionen DM wurden die Häuser saniert und zwei neue errichtet. Heute wandelt sich die Klinik mehr und mehr zu einem Gesundheitszentrum für Prävention und Rehabilitation. Neben der Möglichkeit des stationären Aufenthaltes für Kinder und Jugendliche, können sich hier auch Mütter und Väter mit ihren Kindern erholen.

1985 KOSEROW – ATELIER NIEMEYER-HOLSTEIN

Jeden Morgen ging der Maler Otto Niemeyer-Holstein (1896–1984), Sohn des bekannten Völkerrechtlers Theodor Niemeyer, an den Strand um zu malen. Dabei „klaut (er) sich die Farben aus dem Meer", wie einst Max Liebermann über ihn sagte. Sein Verhältnis zur Malerei und zur Natur wurde durch einen Aufenthalt in der Künstlergemeinschaft von Ascona geprägt. Vom Expressionismus und der Neuen Sachlichkeit beeinflusst, schuf er empfindsame Bilder an der Grenze zwischen Gegenständlichkeit und Abstraktion. 1932 zog er mit seiner jüdischen Schwiegermutter und Frau Anneliese von Berlin auf eine Brache zwischen Koserow und Zempin. Dort, wo die Insel am schmalsten ist, entstand um einen ausrangierten S-Bahn-Waggon herum Lüttenort. Niemeyer-Holsteins Durchbruch kam 1961 mit einer Ausstellung in der Berliner Nationalgalerie. 1964 wurde ihm der Professorentitel verliehen. Jetzt konnte sich der Maler auch ein größeres Atelier bauen. Lüttenort war in der DDR eine wertebewahrende Nische für Systemkritiker und Treff für Kulturprominenz. Es war der Wunsch des Künstlers, diesen Platz als Ort der Begegnung zu bewahren. Noch zu seinen Lebzeiten bat er die Dresdner Architekten Siegbert Langner von Hatzfeldt und Heinz Schönwälder, erste Entwürfe anzufertigen. Seit 2001 ergänzt die aus Fördermitteln für 1,2 Millionen DM erbaute Kunsthalle die original erhaltene Wohn- und Arbeitsstätte Niemeyer-Holsteins. Im idyllischen Garten finden sich u. a. Plastiken seiner Künstlerfreunde Fritz Cremer und Wieland Förster.

UM 1970 KOSEROW – STRECKELSBERG

Der seit 1961 unter Naturschutz stehende Streckelsberg ist mit 56 Metern die markanteste Erhebung an der Küste Usedoms. Die dramatischen Erosionsvorgänge: Eine Endmoräne, die ihre Nase gefährlich nah an die Brandung schiebt, beschrieb schon der Koserower Pastor und Dichter Wilhelm Meinhold (1797–1851). „In ungeheuren Massen stürzt er dann in den Abgrund, und aufgewirbelt von dem gewaltigen Orkane, steigt wie die Rauchwolke eines Vulkanes eine hohe Sandsäule über ihn empor." 1818/19 wurde der schrumpfende Berg gegen die rauen Seewinde mit Rotbuchen verwurzelt. Der Königliche Oberförster Schrödter hatte bereits die ersten Dünen zwischen Koserow und Zempin anlegen lassen. Ende des 19. Jahrhunderts übernahm eine Ufermauer den Schutz vor Kliffabbruch und Küstenrückgang.

Doch die Sturmfluten der Jahre 1904/05, 1913/14 und 1949 griffen das Uferschutzbauwerk massiv an. Mitte der 1990er Jahre war der Zustand bedrohlich desolat. Um extremen Landabtragungen und unkontrollierten Hangrutschen wirksam vorbeugen zu können, galt es, das Ufer mit einem komplexen System von Küstenschutzmaßnahmen gegen Wind und Wellen zu verteidigen. 1996 wurden 516 000 Kubikmeter Sand aufgespült. Seitdem bremsen parallel zur Küste auch drei sogenannte Offshore-Wellenbrecher die Kraft der See. 1998 entstand eine neue 615 Meter lange Schutzmauer, flankiert von 13 Holzpfahlbuhnen, die den kritischen Übergang von Steil- und Flachküste sichern. Für diesen Küstenschutz hat das Land Mecklenburg-Vorpommern bis 2001 ca. 13,3 Millionen Euro investiert.

UM 1970   **KOSEROW – SALZHÜTTEN**

Wo Strandkörbe neben einem an Land gezogenen Fischkutter stehen und sich ein kleiner Seesteg ins Wasser schiebt, wo in dunklem Holzschuppen frisch geräucherter Lachs und Aal feilgeboten werden und sich rohrgedeckte Holzhütten in den Sand ducken, beginnt auf der hier nur 1,5 Kilometer breiten Landenge das einstige Fischerdorf Koserow. Seit 1820 wurde in den Hütten am Strand Hering unter staatlicher Aufsicht gesalzen und verpackt – weshalb man die Salzhütten auch Heringspackhütten nannte. „Zuerst wird der Boden der Tonne mit Salz bestreut, worauf man die Fische mit dem Rücken nach unten, lagenweise dergestalt verpackt, dass die folgende Lage kreuzweise über die untere zu liegen kommt und jede Lage mit Salz besprengt wird", heißt es in einer Anweisung von 1860. 45 Kilogramm des vom preußischen Staat subventionierten Steinsalzes aus dem Salzbergwerk zu Staßfurt benötigte man für eine Heringstonne. Nach 1870 ging die Heringssalzerei infolge ausländischer Einfuhren von Salzheringen zurück und verlor in Koserow gegen 1900 völlig an Bedeutung. Die ursprünglichen Salzhütten hatten da schon die Sturmfluten von 1872 und 1874 zerstört. Die späteren Bauten dienten nur noch als Arbeits- und Lagerraum. Gab es um 1900 noch 15 Fischerhütten, existieren heute nur noch wenige Gebäude. Das Salzhütten-Ensemble steht unter Denkmalschutz. Für die Fachwerkkonstruktionen sind Lehmstaken- oder Backsteinausfachungen charakteristisch. In „Uns Fischers Arbeitshütt" kann man u. a. alte Fischereigeräte besichtigen oder sich im kleinsten Standesamt des Bundeslandes trauen lassen.

1943   MELLENTHIN – WASSERSCHLOSS

Die alte Dorfallee führt direkt zu dem von zwei eingeschossigen Seitenflügeln flankierten Herrenhaus. Ein breiter Graben umfängt den zwischen 1575 und 1580 errichteten Renaissancebau, dessen Bauherr Rüdiger von Neunkirchen in der mittelalterlichen Dorfkirche begraben liegt. Als Nachfolger wurde Johan Axelsson Oxenstierna durch die schwedische Königin Christina mit dem Gut belehnt. 1945 enteignet, nutzte nun die Gemeinde das Schloss. 2001 erwarb die Familie Fidora das Anwesen. 2011 richtete der Hotelfachmann, Brauer und Mälzer Jan Fidora im Ostflügel eine Schaubrauerei ein. Bevor der Traum des gebürtigen Westfalen in Erfüllung gehen konnte, musste das Schloss jedoch von Grund auf saniert werden – manche Bauten stammten sogar noch aus dem 12. Jahrhundert. Obwohl in den Jahren zuvor Kindergarten, Wohnungen und eine Konsum-Gaststätte das Haus belebten, war es inzwischen eine Ruine – ohne Strom, Heizung und Wasser. Die ganze Familie legte Hand an, bekämpfte den Schwamm, legte Gewölbedecken frei, sanierte das denkmalgeschützte Ensemble möglichst originalgetreu und ließ auch den einst parzellierten Schlossgarten wieder wachsen. Heute bietet das Wasserschloss Mellenthin mit seinem Café, Restaurant, Hotel, der hauseigenen Brauerei und der Kaffeerösterei fast 50 Menschen Arbeit und ist ein geselliger Treffpunkt im stillen Hinterland.

UM 1950   **NATURPARK – KLAUS-BAHLSEN-HAUS**

Mit der Bahnstrecke Ducherow-Swinemünde wurde am 15. Mai 1876 auch der Bahnhof in Usedom in Betrieb genommen – ein wichtiger Faktor für die Entwicklung des Landstädtchens. 1911 hielten hier täglich acht, 1935 waren es schon 26 Personenzüge. Viele pendelten damals nach Swinemünde. Von 1928 bis etwa 1935 war die Bahnhofswirtschaft für eine Jahrespacht von mindestens 800 Reichsmark an Frau Hedwig Mattke vermietet, die hier „Speisen und Getränke von guter Beschaffenheit und in einer dem Preise entsprechender Menge, sauber und schnell verabreichen sollte." Nach Sprengung der Karniner Brücke 1945 verlor der Bahnhof seine Funktion. Er wurde Schule, Apotheke, Nähstube und Wohngebäude. Erst mit der Gründung des Naturparks Usedom im Jahr 1999, bekam das Haus eine neue Aufgabe. Die Rut- und Klaus Bahlsen Stiftung Hannover ließ den Bahnhof sanieren. Es entstanden Beratungsräume, Büros der Stadtinformation, eine Naturwacht-Werkstatt, ein Schülerkabinett sowie das Besucherinformationszentrum. Im 590 Quadratkilometer großen Naturpark, zu dem auch ein Festlandstreifen gehört, liegen typisch norddeutsche Landschaftsformen dicht beieinander. Zwischen Achterwasser und Meer befinden sich 1 500 Hektar Binnenseen. 15 Prozent dieser Kulturlandschaft bilden Moore, dazwischen gedeihen Reste artenreicher Trockenrasen, Buchenwälder und Dünenkiefern. In den 14 Naturschutzgebieten mit einer Gesamtfläche von 4 000 Hektar haben seltene Pflanzen und Tiere ihren Lebensraum. Mit Weißstorch, Eisvogel, Kamingimpel und weiteren rund 280 brütenden Arten zählt der Naturpark zu den vogelreichsten Gebieten des Nordens.

UM 1955 **NATURPARK – THURBRUCH**

Ulrichshorst ist ein preußisches Kolonistendorf aus der Mitte des 18. Jahrhunderts, in dem die Häuser nur eine Seite der Dorfstraße flankieren. Auf der anderen Seite befinden sich Felder, Gärten und Koppeln am Rande des Thurbruchs. Sie stehen unter Denkmalschutz. Das Thurbruch wurde erstmals 1421 als silva thura (lateinisch Auerochsenwald) urkundlich erwähnt. Der letzte Auerochse in diesem Gebiet war aber schon nachweislich 1360 durch Herzog Wartislaw V. von Pommern erlegt worden. Jahrhundertelang war das Thurbruch eine urwaldartige Seen- und Sumpflandschaft. Die Erbauer der ersten Häuser kamen aus Schwedisch-Pommern und Mecklenburg und hatten auf Befehl des Preußenkönigs Friedrich II. das Kanalsystem des meliorisierten Flachmoores zu überwachen. Heute durchziehen Gräben das platte Land. Die Menschen haben die Landschaft verändert. Regulierungsmechanismen sollten die Unabhängigkeit von der Natur gewährleisten – das hat neue Probleme geschaffen, auch im Thurbruch. Hier entwickelte sich das buntblumige, nasse und spärlich bewaldete Moor in meist (zu) trockenes Saatgrasland. Die Balzgesänge von Brachvogel, Rotschenkel und Bekassine sind schon seit Jahrzehnten verstummt. Im Frühjahr steht das Wasser auf den Flächen, weil die organische Moorstruktur durch die jahrhundertlange Entwässerung zerstört ist und das Wasser nicht mehr versickern kann. Sind die folgenden Sommer trocken, verdorrt das Gras, weil das Moor kein Wasser speichern kann. Wird das Moor zunehmend trockener und die Erträge gehen zurück, verliert es auch seine Bedeutung für die Landwirtschaft. Einige Bereiche im Thurbruch wurden daher schon lange nicht mehr bewirtschaftet. Hier hat sich Wald gebildet, der auf solchen trockenen Standorten in noch stärkerer Weise die letzten Torfe zerstört. Geht die teilweise intensive Land- und Wasserbewirtschaftung so weiter, wird die Insel Usedom bald schon sein bedeutendstes Moor als Grünland verlieren. Es gehört mit einer Fläche von etwa 16 Quadratkilometern momentan noch zu den größten im Norden Ostdeutschlands.

1943 **NATURPARK – PEENEMÜNDER HAKEN**

Wasserlilien blühen in Bombentrichtern, Reste eines alten Hochbunkers verwittern zur Fledermaushöhle. Ringsum wachsen Iris und Sumpfdotterblumen. Kollern aus den Kehlen tausender Kormorane. Ein Teichhuhn flattert Richtung Prüfstand 7. Von hier aus flog am 3. Oktober 1942 um 15.58 Uhr MEZ die berühmt-berüchtigte A 2 (V 2) ins All. Dieses pommersche Vogelparadies im Norden der Insel wurde 1925 unter Naturschutz gestellt. 1936 erklärte es die Heeresversuchsanstalt Peenemünde zur militärischen Sperrzone. Im gesamten Areal findet man heute noch Reste dieser Zeit: u. a. einen alten Hydranten, von Gras überwucherte Werkbahnschienen. Die Anlagen der Raketenprüfstände wurden nach Kriegsende gesprengt. In den 1950er Jahren bezog das Gebiet ein Marineverband der Sowjetarmee. 1961 entstand ein NVA-Flugplatz. 60 Jahre militärische Nutzung hatten große Teile dieser Landschaft zerstört. Nun holt sich die Natur ihr Reich zurück. Eigentümerin wurde nach Abzug des Militärs die Bundesrepublik. 2012 übernahm die Deutsche Bundesstiftung Umwelt (DBU) den Peenemünder Haken, um das 2 600 Hektar große Gebiet mit seinen ausgedehnten Flachwasserbereichen, den Dünenkiefernwäldern, den Moor- und Bruchwäldern als Nationales Naturerbe dauerhaft zu schützen. Es ist eines der ältesten Naturschutzgebiete Deutschlands und als europäisches Vogelschutz- und FFH-Areal Bestandteil des Naturschutzwerkes Natura 2000. Da weite Teile noch immer munitionsverseucht sind, ist der Peenemünder Haken nur auf ausgewiesenen Wegen zu betreten. Führungen organisiert der Museumsverein Peenemünde.

1992 NEU PUDAGLA – FORSTAMT

1309, mit der Umsiedlung der Prämonstratenser-Mönche nach Pudagla, begann auf Usedom die Waldwirtschaft. 1720 wurde Pudagla Sitz des preußischen Forstamtes. Nach einem verbrieften Streit zwischen den Gattinnen des Oberforstmeisters und des Domänenpächters zog 1849 das Forstamt in ein neu erbautes Gebäude auf dem Verbindungsweg zwischen Pudagla und Ückeritz. Seitdem ist Neu Pudagla, mit Unterbrechung von 37 DDR-Jahren, in denen die Forstämter aufgelöst und die Wälder Forstwirtschaftsbetrieben in Greifswald, Stralsund und Wolgast unterstellt waren, Sitz des Oberforstmeisters – heute Forstdirektor genannt. Diese hatten schon immer einen großen Einfluss auf die Entwicklung der Insel. 1824 ließ Oberforstmeister von Bülow in Heringsdorf die erste Pension und eine Badeanstalt erbauen. 1851 genehmigte das Forstamt den Zugang zu den Stränden durch die königlichen Forste. Zu DDR-Zeiten nahm die Zersiedelung des Küstenschutzwaldes zugunsten des Massentourismus auf dem 60 Hektar großen Campingplatz Ückeritz-Bansin besonders verheerende Ausmaße an. An die 15 000 Menschen zertrampelten die Vegetation, bis kein Halm mehr wuchs. Der Wald drohte zu sterben. Unter der Leitung von Forstdirektor Norbert Sündenmann wurden ab 1990 Bäume und Windschutzhecken gepflanzt. 40 000 DM pro Hektar investierte man in die Renaturierung. Der Campingplatz wurde auf elf Hektar verkleinert. Längst ist auch das alte, einst fast verfallene Forstamt saniert worden, das sich heute mit Waldakademie, Gesteinsgarten, Führungen u. a. auch der Umweltbildung widmet.

1988 PEENEMÜNDE – HISTORISCH-TECHNISCHES MUSEUM

Das alte Fischerdorf Peenemünde schrieb erstmals 1630 als Landungsort des Schwedenkönigs Gustav II. Adolf Weltgeschichte. 1941 verschwand das Dorf fast völig von der Bildfläche. Es wurde das bestgehütete Geheimnis der Deutschen: das größte Rüstungsprojekt der Wehrmacht. Am 3. Oktober 1942 hob im Ostteil des Versuchsgeländes der 14 Tonnen schwere Raketenkörper der V2 vom Boden ab und näherte sich mit einer Geschwindigkeit von 5500 km/h und einer Flughöhe von 84,5 Kilometern dem Weltall. Damit öffneten sich die Tore zu Himmel und Hölle. Die V2 gilt heute als Vorläufer aller militärischen und zivilen Trägerraketen. Am 13. Februar 1945 startete die letzte Versuchsrakete vom Prüfstand 7. Peenemünde blieb bis zum Ende der DDR militärisches Sperrgebiet. 1991 eröffnete hinter den Mauern des ehemaligen Schaltbunkers die erste Ausstellung über die Geschichte des Ortes. Das ehemals modernste Kohlekraftwerk Europas, das den Betrieb Peenemündes energietechnisch versorgte, ist heute das Ausstellungszentrum. Durch die 25 Quadratkilometer große Denkmal-Landschaft führt ein 22 Kilometer langer Rundweg zu insgesamt 17 Stationen. 2012 wurde eine 1000 Quadratmeter große interaktive Schau zur Geschichte des Kohlekraftwerkes im alten Kesselhaus installiert. Es ist eines der meistbesuchten Museen Deutschlands und erhielt 2002 für friedensfördernde Aktivitäten das Nagelkreuz von Coventry.

1994   PRÄTENOW – WISENTGEHEGE

Dirk Weichbrodt, Landwirt und Mitbegründer des Naturparks Insel Usedom, ist fest hier verwurzelt. Seine Familie lebt schon seit dem 16. Jahrhundert auf Usedom. Zudem gilt er als Wegbereiter deutsch-polnischer Zusammenarbeit auf dem Gebiet des Naturschutzes. Im Mai 1999 führte ihn eine Exkursion in den Naturpark Wollin, in deren Folge er am Rande der Mellenthiner Heide ein Wisentgehege anlegte. So wurde schließlich im Jahr 2004 Wirklichkeit, was bereits 1979 begann. Damals trafen am Wisentgehege des Wolliner Nationalparks zwei Männer aufeinander, die sich als Berufskollegen sofort verstanden: Claus Schönert, Biologielehrer und seit 1962 Naturschutzbeauftragter für die Insel Usedom, und Bogdan Jakuczun, stellvertretender Direktor des Wolliner Nationalparks. Doch die Idee, mit polnischen Zuchttieren auch auf Usedom Wisente anzusiedeln, konnte erst 25 Jahre später umgesetzt werden. Gemeinsam mit den polnischen Kollegen fand der NABU in der Mellenthiner Heide, im größten zusammenhängenden Waldgebiet Usedoms, ein ideales Terrain. Fachliche und praktische Hilfe gab es von polnischer Seite, materielle Förderung kam vom Land und der Kommunalgemeinschaft Europaregion POMERANIA. In dem Zucht- und Schaugehege grasen nun wieder reinrassige Tieflandwisente – fast 250 Jahre nach ihrer Ausrottung auf deutschem Staatsgebiet. „Inzwischen wurden in jedem Jahr Kälber geboren und zehntausende Gäste haben das Gehege besucht", berichtet Dirk Weichbrodt. Zur Umweltbildung dient auch das 2010 entstandene Informationszentrum.

1991 STOLPE – SCHLOSS

Dicht am Stettiner Haff steht im 360-Seelen-Dorf Stolpe ein im 16. Jahrhundert erbautes Schloss. Um 1900 wurde es im Stil des Historismus erweitert. Bereits seit 1321 im Ort ansässig, war die Familie von Schwerin über viele Generationen hinweg Schlossherr. Enteignet, musste Gräfin Freda von Schwerin ihren Besitz 1945 verlassen. Ein Stab der Roten Armee zog ein, danach Umsiedler aus Hinterpommern. Nach 1949 nutzen Landwirtschaftsbetriebe das Gemäuer, später war es Dorfgaststätte und schließlich ein Kinderferienlager. Die verstaatlichte Anlage nahm großen Schaden und war entsprechend dem Befehl 209, nach dem gräfliche Besitztümer für den Hausbau der Neubauern „rückgebaut" werden durften, zeitweise sogar als Steinbruch freigegeben. Der Mittelteil wurde abgerissen, die markanten Türme des Westteils gestutzt und die Fassade begradigt. Nichts sollte mehr an die Gräfin erinnern, die sich großer Beliebtheit im Dorf erfreute. Ihre Beerdigung im Jahr 1957 geriet zum Politikum. Der Versuch junger Berliner nach der Wende das Haus kulturell zu beleben, misslang. Leerstand zerstörte die Bausubstanz derart, dass viele für den Abriss plädierten. Doch 1996 übernahm die Gemeinde das Schloss, mit der Auflage es für eine öffentliche Nutzung instandzusetzen. Mit Hilfe des Denkmalschutzprogramms „Dach und Fach" und dem „Leader plus"-Förderprogramm wurde es grundsaniert. Wesentlicher Motor der Schlossrettung ist der Förderverein Schloss Stolpe e. V. mit seinen 155 Mitgliedern. Inzwischen können die Schlossinnenräume besichtigt werden. Konzerte, Lesungen und Ausstellungen ziehen viele Besucher an. Eine Museumsstube zeigt Bodendenkmalfunde aus der Umgebung Stolpes, eine Bücherstube lädt zum Stöbern und Schmökern ein.

UM 1900   **SWINEMÜNDE – EUROPAPROMENADE**

Seit dem 6. Oktober 1945 gehört Swinemünde zu Polen. Damals wurde der 90,8 Quadratkilometer große Teil von Usedom bzw. Uznam vor allem mit Bürgern aus den ostpolnischen Gebieten besiedelt. Seit 2011 verbindet die mit zwölf Kilometern längste Strandpromenade Europas nun was lange getrennt war. Sie beginnt in Bansin und führt nahtlos als Geh- und Radweg nach Swinemünde. Wo sich einst der Grenzzaun bis in die Ostsee schob, symbolisiert heute die Skulptur einer Edelstahlklammer symbolisch das Zusammenwachsen beider Länder. An den Kosten für den Ausbau der Europapromenade, rund 3,6 Millionen Euro, beteiligte sich die EU mit fast 90 Prozent. In Swinemünde lassen sanierte Jugendstilvillen und prächtige Gründerzeithäuser am westlichen Teil der Strandpromenade wieder den Charme des ersten preußischen Seebades erahnen. Bevor diese erbaut wurden, war der etwa ein Kilometer lange Weg von der Stadt bis zum Strand beschwerlich. So entschloss man sich gegen 1880 das Dünengelände nördlich des Kurparks zu bebauen. Die einst preußisch-prächtige Hafen- und Garnisonstadt, in der im Juli 1824 die erste offizielle Badesaison begann, wurde 1945 stark zerstört. Die Bemühungen, sich dennoch rasch wieder als Seebad zu etablieren, scheiterten an den russischen Waffenbrüdern, die sich bis 1960 mit ihren Familien im Kurviertel einquartierten. Einige der alten Bädervillen an der Westpromenade haben sowohl Krieg als auch sozialistische Wirtschaft überlebt. Neues ist hinzugekommen. Heute ist die Promenade wieder das lebendige Zentrum des Swinemünder Badelebens.

1920 SWINEMÜNDE – MUSEUM FÜR HOCHSEEFISCHEREI

Das ehemalige Rathaus von Swinemünde gilt als das älteste noch erhaltene bürgerliche Gebäude der Stadt. 1806 erbaut, beherbergte es einst das Gericht, Gefängniszellen, den Magistrat, das Steuer- und Zollamt, die Sparkasse und die Schifffahrtskommission. Feuerwehrgeräte wurden hier zeitweilig untergebracht. 1839 stiftete der Berliner Bankier Isaak Schönlank die Rathausuhr für den eigens dafür errichteten Rathausturm. Frau Konsul Emilie Heyse spendierte 1895 das Denkmal Wilhelms I. Als das staatliche Hochbauamt und das Katasteramt 1930 ein eigenes Haus bezogen, fand das 1911 gegründete Heimatmuseum des Kreises Usedom-Wollin im Obergeschoss ein neues Domizil. Die Sparkasse belegte das Untergeschoss. Das Bombardement vom 12. März 1945 hatte das Haus relativ gut überstanden. Bis 1973 nutzte es die polnische Stadtverwaltung, dann zog das Fischereimuseum dort ein. „Dazu musste das Haus umgebaut werden. Dach, Dachstuhl, Heizung, Wasser und Abwasser, Fenster, Fußböden – alles musste saniert werden. Das erforderte eine Menge Arbeit und Geld", erinnert sich der emeritierte Museumsleiter Dr. Josef Pluciński. Als der Historiker damals Exponate deutsch beschriftete, machte er sich nicht nur Freunde in der Stadt. Dank seines Engagements kennt man in Swinemünde nun auch den ehemaligen Bewohner Theodor Fontane, dessen Vater 1827 die Adler-Apotheke übernommen hatte. Das Fischereimuseum gegenüber dem Fähranleger am Plac Rybacka informiert über die Geschichte der Hochseefischerei und zeigt Exponate zur Stadt- und Regionalgeschichte.

1930 TRASSENHEIDE – STRAND

Der Nordwesten der Insel, der trotz seiner schönen, breiten Strände nie die Exklusivität der Kaiserbäder angestrebt hat, profiliert sich zunehmend als naturnahes Familienreiseziel. Am fast vier Kilometer langen, klimatisch günstig hinter Küstenwald und Dünenstreifen gelegenen Strand von Trassenheide, weht die blaue Flagge für ausgezeichnete Badewasserqualität. Noch bis zur vorletzten Jahrhundertwende lebten die Bewohner von Trassenheide vom Fischfang. Erst spät suchte man Anschluss an den in den Nachbarorten bereits einträglichen Fremdenverkehr. Zu diesem Zweck legte Trassenheide 1908 den wenig werbewirksamen Namen Hammelstall ab, den neuen entlieh man dem Forsthaus Trassenmoor und der mit Heidekraut bewachsenen „Wilden Hütung". 1905 kamen die ersten Badegäste. 1913 wurde eine Strandpromenade von der alten Schule bis zum Strand angelegt. 1936, mit der Errichtung der Heeresversuchsanstalt im nahen Peenemünde, war der Traum vom florierenden Badebetrieb jedoch zunächst vorbei. Trassenheide wurde Sperrgebiet und 1943 durch einen Bombenangriff stark zerstört. Nach dem Ende des Krieges kamen wieder Feriengäste in die bald 48 Betriebsferienheime. 1949 wurde die Strandstraße von den Dorfbewohnern mit Steinen befestigt. Seit 1997 Seebad, ist man in Trassenheide stolz auf den Titel „familienfreundliche Gemeinde". Im ausgedehnten Flachwasserbereich können Kinder gefahrlos Kleckerburgen bauen und in der neuen Konzertmuschel an der Strandpromenade spielt im Sommer jeden Tag ein anderes Programm. Der Strandzugang, einst ein sandiger Waldweg, der 1960 eine Teerdecke bekam, wurde 2004 mit Spielplätzen und Ruhezonen neu gestaltet.

1935   WOLGAST – PEENEBRÜCKE

Wer heute mit dem Zug nach Usedom reist, fährt südwestlich der Insel im alten pommerschen Städtchen Wolgast über die Peenebrücke. Noch bis 1934 konnte man Usedom von Wolgast aus nur mit einer Dampffähre erreichen. „Bogislaw", die letzte Fähre, hatte zu diesem Zeitpunkt längst ihre Kapazität ausgeschöpft. Nach einer Zählung im Jahr 1930 von 16 703 Kraftwagen, 3 505 Krafträder und 7 970 Fuhrwerken beschloss das Preußische Handelsministerium den 1,3 Millionen Reichsmark teuren Bau einer Brücke. 1933 war der Peenestrom zwischen Wolgast und Usedom auf einer Länge von 246,80 Metern überbrückt. Eine Stahlklappe gewährte Schiffen bis zu 15 Metern Breite die Durchfahrt. In den letzten Kriegstagen von der deutschen Wehrmacht zerstört, wurde sie bereits 1950 wieder instandgesetzt. 1992 musste sie für Schwerlaster und Busse gesperrt werden, noch immer aber rollten täglich bis zu 22 000 Fahrzeuge über die marode Brücke. Eine Neue musste gebaut werden. So entstand, nach dem Vorbild der Reihersteig-Klappbrücke im Hamburger Hafen, bis 1996 das „Blaue Wunder". Mit einer Länge von 255,90 Metern ist sie die größte Waagebalkenklappbrücke Europas. Ursprünglich als Straßenbrücke gedacht, fuhr am 26. Mai 2000 dennoch erstmals ein Triebwagen der Usedomer Bäderbahn über die Gleisstrecke. Eine Wohltat für alle Reisenden, denn wer sich bis dato mit dem Zug der Insel genähert hatte, musste diesen bereits in Wolgast-Hafen verlassen und einen Kilometer weit über die alte Peenebrücke zur nächsten Station laufen.

1963 WOLGAST – RATHAUS

Es weht immer eine frische Brise durch die kleine Hafenstadt, die zu den ältesten Siedlungen an der vorpommerschen Küste zählt und von 1295–1625 Residenz der pommerschen Fürsten war. Mit ihrer reichen historischen Bausubstanz wurde die Stadt 1991 unter Denkmalschutz gestellt und 1993 in das Förderprogramm des Städtebaulichen Denkmalschutzes aufgenommen. Zu den zahlreichen Baudenkmalen, die davon profitierten, gehört auch das alte Rathaus. Zwischen Hafen und gotischer Petrikirche dominiert das weiße freistehende Gebäude mit barockem Schweifgiebel den Marktplatz. Romantisch, fast wie zu Zeiten des Malers Philip Otto Runge, der 1777 in der nahen Kronwiekstraße geboren wurde. Wolgast, vom Zweiten Weltkrieg verschont und in DDR-Jahren dem Verfall preisgegeben, wurde mit vielen Millionen Euro an Städtebaufördermitteln wieder zum Leben erweckt. Das im 14. Jahrhundert erbaute Rathaus, wurde im Abstand von jeweils fast einhundert Jahren – 1512, 1628 und 1713 – durch Feuer stark zerstört. Auf denselben Grundmauern immer wieder neu errichtet, ist es von verschiedenen Bauepochen geprägt. Das gotische Rathaus mit Stadtwaage und Stadthauptmannswohnung wurde im 16. Jahrhundert im Stil der Renaissance umgebaut. Turm, Fassade und Tür entstanden nach dem großen Stadtbrand im 18. Jahrhundert. Waren früher neben dem Rat, dem Bürgermeister auch die Polizei sowie eine Arrestzelle im Rathaus untergebracht, beherbergt es nach einer Sanierung im Jahr 1999/2000 die Stadtinformation und das Standesamt. Mehr als hundert Ehen werden hier im Jahr geschlossen.

UM 1930 ZINNOWITZ – NEUE STRANDSTRASSE MIT DÜNENSCHLOSS

Das ehemalige Fischerdorf ist heute das größte Ostseebad im Nordosten der Insel. Viele Millionen Euro flossen seit 1990 in die Gestaltung des Ortes, der sich zwischen Achterwasser und Ostsee erstreckt. So wurde die Promenade neu gestaltet, eine Seebrücke wieder erbaut, Straßen und historische Villen saniert. Eines der schönsten Beispiele ist die Neue Strandstraße, eine mit Linden bepflanzte Allee, die direkt zum Strand führt. Sie hatte schon viele Namen: Strandweg, An der Promenade, Neue Strandstraße, Stalinstraße, Karl-Marx-Straße und wieder Neue Strandstraße. Spiegel der Geschichte ist hier auch das „Dünenschloß", dessen Turm seit 2001 der Promeniermeile wieder einen historischen Akzent verleiht. Um 1900 erbaut, las man bald in einer Anzeige: „Vornehmstes Privathaus, zweite Villa vom Strande, am Walde gelegen." 1950 wurde die inzwischen baufällige Turmspitze des nun verstaatlichten Hauses abgetragen. Als Ferienheim von der IG Wismut unter dem Namen des Widerstandskämpfers „Ernst Schneller" geführt, wurde es in den 1960er Jahren aufgestockt. Nach der Wende räumte das Zinnowitzer Ehepaar Vollrath den Keller von Hinterlassenschaften der örtlichen Kampfgruppe der DDR und richtete „Tinas Sonneninsel" ein. Als das Haus zum Verkauf stand, überzeugten sie mit ihrem Konzept. Im Mai 1993 eröffnete das komplett sanierte Hotel wieder unter dem Namen „Dünenschloß". Im Jahr 2001 konnte mit Hilfe von Fördermitteln der Turm rekonstruiert und die Fassade neu gestrichen werden.

UM 1950   ZINNOWITZ – PALACE HOTEL

Ähnlich prächtig wie die Usedomer Kaiserbäder entwickelte sich Zinnowitz in der Kaiserzeit zum Seebad ersten Ranges. Im Mai des Jahres 1900 eröffnete der Kaufmann Schwabe an der Strandpromenade „Schwabes Hotel". Die Telefonnummer des vornehmsten Hauses am Platze lautete Zinnowitz 1. Schwabe's Swing-Orchester spielte regelmäßig zum Tanztee auf. Die Schriftstellerin Hedwig Courths-Mahler schrieb hier an ihren Romanen und Außenminister Walter Rathenau erholte sich ein paar Tage von der Politik. 1939 wurde Zinnowitz zur Abschirmung Peenemündes zur Sperrzone erklärt und Mitarbeiter der Heeresversuchsanstalt in „Schwabes Hotel" einquartiert. Nach dem Zweiten Weltkrieg von der SDAG-Wismut (Sowjetisch-Deutsche Aktiengesellschaft) als Ferienquartier für die Bergleute übernommen, erhielten die alten Hotels und Pensionen neue Namen. Der langjährige Besitzer Paul Dillner von „Schwabes Hotel" wurde enteignet, als FDGB-Erholungsheim hieß es nun „Klement Gottwald". Nach der Wende an die Eigentümer Dillner rückübertragen, kurzzeitig als Hotel genutzt und dann an Berliner Investoren verkauft, stand das Haus entkernt vier Jahre lang leer. 1998 erwarb es die Germania Fluggesellschaft, sanierte es denkmalgerecht und eröffnete es im April 2000 als Fünf-Sterne-Palace-Hotel. Seitdem trägt sich wieder Prominenz in das Gästebuch ein: Während der Dreharbeiten zum Film „The Ghost" logierten Roman Polanski, Pierce Brosnan, Kim Cattrall und Ewan McGregor im Palace-Hotel.

1983 ZINNOWITZ – BALTIC HOTEL

Zinnowitz, das „Erste Bad der Werktätigen", hatte bereits 1950 mit über 20 500 Urlaubern den Vorkriegsstand wieder erreicht. Fast ganz Zinnowitz wurde zum Urlaubsort der Uran-Kumpel der SDAG-Wismut. 1977 übergab Harry Tisch, Mitglied des Politbüros des ZK der SED und Vorsitzender des Bundesvorstandes des FDGB, am Tag des Bergmanns persönlich das Ferienheim „Roter Oktober". „Das größte bisher auf der Bäderinsel durchgeführte Bauvorhaben. Im Mittelpunkt steht ein 108 Meter langes, achtgeschossiges Ferienheim, das ca. 950 Gästen Unterkunft bietet. Ein Teil der modern eingerichteten Zimmer ist so angelegt, dass sie in Vier- bis Sechsbettzimmer für kinderreiche Familien umgestaltet werden können. Im Erdgeschoss des Hauses sind ein Friseur- und Kosmetiksalon, Annahmestellen für Dienstleistungen, eine Verkaufsstelle für Waren des täglichen Bedarfs untergebracht. Im Untergeschoss befindet sich die Physiotherapeutische Abteilung mit Sauna, Wannenbädern, Massageräumen und anderen medizinischen Einrichtungen", hieß es damals in einer Publikation des Rates der Gemeinde Zinnowitz. Über einen Verbindungsgang gelangten die Urlauber in den dreigeschossigen Gaststättenkomplex, der u. a. mit vier Speisesälen ausgestattet war. Im Obergeschoss befand sich eine Mokka-Milch-Eisbar, die abends als Tanzbar genutzt wurde. Im Untergeschoss gab es zwei Kegelbahnen. Größte Attraktion war die Meerwasser-Schwimmhalle mit einem 500 Quadratmeter großen Schwimmbecken. 1993 erwarb der Buxtehuder Hotelier Hans Dornbusch das Haus von der Treuhand. Aus dem „Roten Oktober" wurde das blaue „Baltic", das größte Sport- und Ferienhotel der Region.

1963 ZINNOWITZ – OSTSEEBÜHNE

„Die Blechbüchse" ist ein Theater – ganz gelb, von innen und außen, mit knallroten Zuschauerstühlen. Früher diente es als winterliche Lagerstätte für Strandkörbe und anderes sperriges Strandgut. Im Sommer nutze man es als Sporthalle. 1997 baute der Architekt Klaus Marsiske das Gebäude zum Theater für die Vorpommersche Landesbühne Anklam und somit zur festen kulturellen Instanz der Insel um. Im selben Jahr fand gleich nebenan, auf der ehemaligen Waldbühne, die Premiere der multimedialen Theater-Show „Vineta" statt, die seitdem mit viel Licht und Laser vor etwa 20 000 Zuschauern die sagenhafte Stadt wieder auferstehen lässt. Dazu wurden die Zuschauertraversen der alten Waldbühne, die 1953 im Auftrag der IG Wismut entstand, neu aufgeschüttet, Bänke installiert und die Bühne komplett umgebaut. Im Jahr 2000 bezog die Theaterakademie Vorpommern die ehemalige Wäscherei des DDR-Ferienheims „Roter Oktober". Bis 1953 gehörte das Gebäude als Mädchenhaus zum Dreyfus-Heim, einem Kindererholungsheim der Stiftung von Berta-Luise Dreyfus. Während des Zweiten Weltkrieges als Lazarett, danach als Infektionskrankenhaus und bis zur Übernahme durch die IG Wismut noch einmal als Kinderheim genutzt, wurden dort hunderte Tonnen Wismut-Wäsche aber auch Sportsachen der Fußballer von „Einheit Zinnowitz", Kindergarten- und Privatwäsche gewaschen. Heute befinden sich dort Akademie-Probenräume, ein Ballettsaal, Mensa und Internatszimmer der „Höheren Berufsfachschule Schauspiel/Theaterarbeit".

UM 1985 **ZIRCHOW – FLUGHAFEN HERINGSDORF**

Der Flughafen Heringsdorf ist einer der ältesten Luftzielorte in Deutschland. Das Gelände am Nord-ufer des Stettiner Haffs zwischen Garz, Kamminke und Zirchow, ursprünglich Exerzierplatz der Garnison Swinemünde, diente von 1919 bis 1927 als Landflugplatz Swinemünde dem Linienflugverkehr. Die ersten Verkehrsmaschinen, die den heutigen Flughafen Heringsdorf anflogen, waren SAB P III für sechs Passagiere. In den 1930er Jahren trainierten hier auch Segelflieger. Mit der Machtergreifung der Nationalsozialisten endete zunächst die zivile Nutzung. Als Flugplatz Garz in die Luftrüstung einbezogen, war er bis 1939 Heimathorst der Kunstflugstaffel der Deutschen Luftwaffe. Hangars und eine Flugzeugreparaturwerft entstanden. 1942 wurden die ersten Truppenerprobungskommandos für Abwurf-Lenkwaffen stationiert. Nach Kriegsende von den Sowjets und der NVA genutzt, begann ab 1962 auch eine teilweise zivile Nutzung durch die DDR-Fluggesellschaft Interflug. Bis 1979 konnten Urlauber aus Berlin, Dresden, Erfurt, Leipzig, Budapest und bis 1980 auch aus Prag auf die Insel fliegen. 1990 landete das erste Privatflugzeug auf Usedom. Mit der Gründung der Flughafen GmbH begann 1992 die Grundsanierung des Flugplatzes. Für fünf Millionen DM wurde die 2 305 Meter lange Start- und Landebahn erneuert. Im Jahr 2011 konnten etwa 6500 Starts und Landungen mit über 32 000 Passagieren verzeichnet werden – gute Zahlen für den kleinsten Regionalflughafen Deutschlands. Für den Aufwind sorgten auch die Hoteliers des 1995 gegründeten Arbeitskreises Flughafen Heringsdorf, die durch Ticketgarantien das Fluggeschäft auf der Insel unterstützen. Seit 2012 ist Usedom von 13 Städten aus erreichbar. Neben sieben in Deutschland gehören dazu auch Basel/Mühlhausen, Zürich, Bern, Wien, Warschau und Krakau. Er wird nur in der Saison bedient. Durch die Erweiterung des Flugangebotes und dem Einsatz größerer Maschinen wird die Insel Usedom auch die durch das Fluggeschäft generierten Übernachtungszahlen im Jahr 2012 auf ca. 100 000 Übernachtungen steigern können.

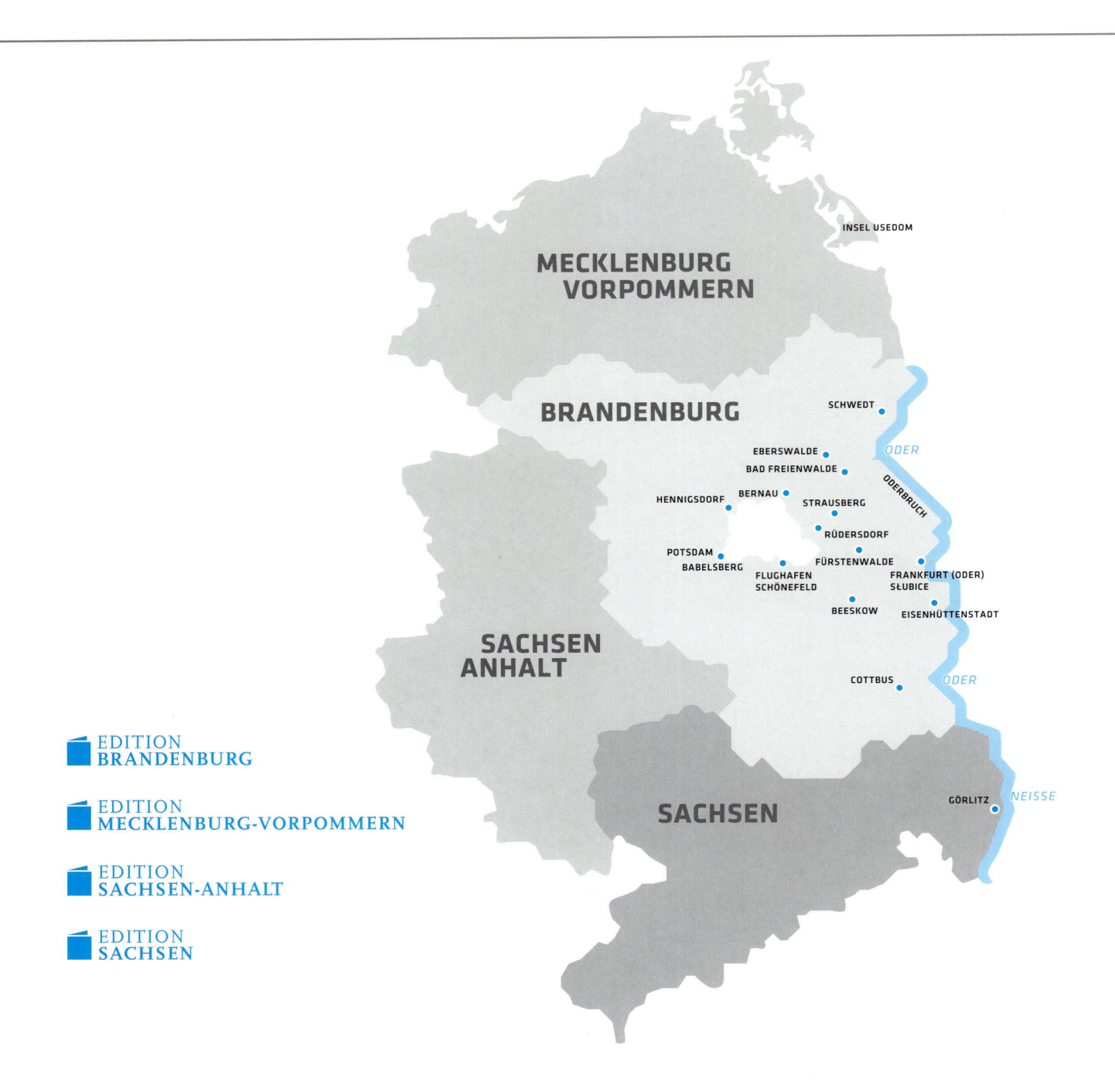

BUCHREIHE   EINST UND JETZT

MECKLENBURG VORPOMMERN
INSEL USEDOM

BRANDENBURG
SCHWEDT
ODER
EBERSWALDE
BAD FREIENWALDE
ODERBRUCH
HENNIGSDORF BERNAU STRAUSBERG
RÜDERSDORF
POTSDAM
BABELSBERG FÜRSTENWALDE
FLUGHAFEN FRANKFURT (ODER)
SCHÖNEFELD SŁUBICE
BEESKOW EISENHÜTTENSTADT

SACHSEN ANHALT

COTTBUS ODER

SACHSEN
GÖRLITZ NEISSE

- EDITION BRANDENBURG
- EDITION MECKLENBURG-VORPOMMERN
- EDITION SACHSEN-ANHALT
- EDITION SACHSEN

In der Buchreihe EINST UND JETZT
sind außerdem erschienen:

EINST UND JETZT BAD FREIENWALDE

EINST UND JETZT BEESKOW

EINST UND JETZT BERNAU

EINST UND JETZT COTTBUS

EINST UND JETZT EBERSWALDE

EINST UND JETZT EISENHÜTTENSTADT

EINST UND JETZT FLUGHAFEN SCHÖNEFELD

EINST UND JETZT FRANKFURT (ODER) / SŁUBICE

EINST UND JETZT FÜRSTENWALDE

EINST UND JETZT GÖRLITZ

EINST UND JETZT HENNIGSDORF

EINST UND JETZT KIRCHEN IM ODERBRUCH

EINST UND JETZT LAND BRANDENBURG

EINST UND JETZT LAND SACHSEN-ANHALT

EINST UND JETZT MEDIENSTADT BABELSBERG

EINST UND JETZT RÜDERSDORF

EINST UND JETZT SCHWEDT

EINST UND JETZT STRAUSBERG

EINST UND JETZT UNIVERSITÄT POTSDAM

Energie für die Region.

Die E.ON edis AG investiert in die Zukunft Brandenburgs und Mecklenburg-Vorpommerns. Mit unserem modernen Strom- und Gasnetz sorgen wir dafür, dass Energie jederzeit sicher und zuverlässig genau dort ankommt, wo sie gebraucht wird: Mitten im Leben der Menschen hier in unserer Region.

E.ON edis AG
Langewahler Straße 60
15517 Fürstenwalde/Spree
www.eon-edis.com

e·on | edis